AF561871

(Par le P. Pierre Goujon, d'après le P. Lelong.)

ESCLAIRCISSEMENT
SVR LA
VERITABLE RELIQVE
DE Ste REYNE D'ALYSE,

Donnée à Monſeigneur de Longueuille, par l'Eueſque & Chapitre d'Oſnabrug.

Pour ſeruir de Réponſe à vn Libelle intitulé, Apologie pour les veritables Reliques de Flauigny, &c.

Par les Religieux de ſainĉte Reyne d'Alyſe.

A PARIS,
De l'Imprimerie D'EDME MARTIN, ruë S. Iacques au Soleil d'Or.

M. DC. LI.
AVEC APPROBATION.

A MONSEIGNEVR LE DVC DE LONGVEVILLE.

ONSEIGNEVR,

Voicy les Religieux d'Alyse, qui viennent vous offrir

demment, par vn Libelle si iniurieux. La Réponse que nous y faisons, est éloignée de toute sorte d'aigreur : C'est vn Esclaircissement plein de moderation & de charité, & qui par consequent plaira à vn Prince qui ayme tant la douceur : & qui traittoit de la Paix generale à Munster, auec tant de zele & de conduite, lors qu'il a receu cette Relique. Dieu ayant permis qu'on luy ait fait ce digne present comme vn gage de sa pieté, & des soins qu'il a pris pour le bien public, & pour le repos de toute l'Europe. C'est la pensée de tous les gens de bien, qui connoissent assez vos bonnes intentions, vostre generosité, vostre sagesse, & tant d'autres vertus qui sont dignes d'vn Panegyrique : & qu'on ne peut exprimer dans vne simple Lettre, où il nous suffit de vous témoigner auec combien de zele & de respect nous serons tousiours

DE VOSTRE ALTESSE,

Tres-humbles, tres-obeïssans & tres-fideles seruiteurs,
LES RELIGIEVX DE Ste REYNE D'ALYSE.

[illegible]

[illegible]
[illegible]
[illegible]
[illegible]
[illegible]
[illegible]
[illegible]
[illegible]
[illegible]
[illegible]
[illegible]
[illegible]

[illegible]

[illegible]
[illegible]
[illegible]

ESCLAIRCISSEMENT SVR LA VERITABLE RELIQVE DE Ste REYNE D'ALYSE,

Donnée à Monſeigneur de Longueuille, par l'Eueſque & Chapitre d'Oſnabrug.

Pour ſeruir de Réponſe à vn Libelle intitulé, Apologie pour les veritables Reliques de Flauigny, &c.

Par les Religieux de ſaincte Reyne d'Alyſe.

A PARIS,
De l'Imprimerie d'EDME MARTIN, ruë S. Iacques au Soleil d'Or.

M. DC. LI.

AVEC APPROBATION.

A MONSEIGNEVR

LE DVC DE LONGVEVILLE.

ONSEIGNEVR,

Voicy les Religieux d'Alyse, qui viennent vous offrir

l'Apologie, de la pretieuse Relique que vostre Altesse leur a donnée: Comme c'est par vostre permission qu'ils l'ont exposée au public, c'est aussi pour vostre interest qu'ils la defendent. Et puisque vous leur auez confié ce thresor, aprés l'auoir receu de l'Euesque d'Osnabrug: on ne peut décrier ny rendre suspecte cette Relique, sans offenser vostre Altesse; & sans choquer ou la pieté ou la prudence d'vn Prince, dont la gloire nous est si chere, & beaucoup plus chere que la nostre mesme. Voila

(MONSEIGNEVR) *ce qui nous a obligez de faire cette Réponse, & de vous la consacrer maintenant, comme vn témoignage de nostre reconnoissance. Tout nostre Ordre vous considere comme vn de ses Protecteurs, mais particulierement la Maison d'Alyse, où cette Relique est honorée à present. La deuotion que vous auez pour sainte Reyne, nous fait esperer que vous agreerez cét Ouurage, puis qu'il est absolument necessaire pour rendre le repos aux consciences, qu'on a troublées fort impru-*

demment, par vn Libelle si iniurieux. La Réponse que nous y faisons, est éloignée de toute sorte d'aigreur : C'est vn Esclaircissement plein de moderation & de charité, & qui par consequent plaira à vn Prince qui ayme tant la douceur : & qui traittoit de la Paix generale à Munster, auec tant de zele & de conduite, lors qu'il a receu cette Relique. Dieu ayant permis qu'on luy ait fait ce digne present comme vn gage de sa pieté, & des soins qu'il a pris pour le bien public, & pour le repos de toute l'Europe. C'est la pensée de tous les gens de bien, qui connoissent assez vos bonnes intentions, vostre generosité, vostre sagesse, & tant d'autres vertus qui sont dignes d'vn Panegyrique : & qu'on ne peut exprimer dans vne simple Lettre, où il nous suffit de vous témoigner auec combien de zele & de respect nous serons tousiours

DE VOSTRE ALTESSE,

Tres-humbles, tres-obeïssans & tres-fideles seruiteurs,

LES RELIGIEVX DE Ste REYNE D'ALYSE.

ESCLAIRCISSEMENT SVR LA VERITABLE Relique de Ste Reyne d'Alyse, donnée à Monseigneur de Longueuille par l'Euesque & Chapitre d'Osnabrug.

Quels motifs ont obligé à faire cette response.

CHAPITRE PREMIER.

CE n'est pas sans vn regret extréme, que nous sommes forcez de donner cét esclaircissement au public : & quelque asseurez que nous soyons de la victoire, il nous est presque aussi fascheux de la gagner, que de la perdre. Puisqu'en de semblables occasions, encore qu'il soit auantageux de faire triompher la Verité, les sages pourtant ont tousiours suiet d'apprehender, que la Charité fraternelle ne souffre au moins quelque atteinte.

Mais quoy que cette precaution soit tres-iuste, elle ne laisse pas d'estre inutile. Il ne nous est plus libre de dissimuler, & c'est auec trop de raison que le public attend de nous quelques Discours sur ce suiet. Puisque il n'y va de rien moins, que de rendre l'honneur aux Prelats qui ont donné ou approuué ces Reliques, & dont l'approbation est offensée par ce libelle outrageux. Il n'y va de rien moins que de faire voir, qu'on ne s'est pas mocqué d'vn grand Prince, comme est Monseigneur de Longueuille : mais d'vn Prince si sage & de si grande authorité, & pendant vn tel employ, en luy faisant vn present suspect. Il n'y va de rien moins que de restituer l'honneur à toute vne Nation qui auroit trompé la nostre, en luy donnant de fausses Reliques ; & qui seroit trompée elle-mesme, en les honorant comme elle fait depuis tant de siecles. Mais que dis-ie? Il n'y va de rien moins, que de rendre le repos de conscience à plusieurs grandes Prouinces de ce Royaume, qui ayant honoré ces sacrez ossemens lors qu'on les apportoit, & qui les honorent encore au Monastere d'Alyse où ils sont, auroient sans doute esté troublées par le libelle qu'on a publié pour nous descrier. Et puis, quelle apparence d'abandonner l'interest de nos Peres, qui passeroient raisonnablement pour trompeurs, s'ils proposoient à dessein de fausses Reliques ; ou pour peu zelez au salut des ames, s'ils ne taschoiẽt d'effacer le scandale, & de respondre à ces impostures ?

Tant de motifs si puissans nous contraignant de nous expliquer, personne ne peut trouuer mauuais si nous y apportons maintenãt, vn remede plus efficace que le silence: oüy, le silence qui eust esté si prudent & si salutaire pour estouffer ces desordres, seroit maintenant vn crime, si nous ne parlions pour dissiper tant de bruits ; mais nous en parlons auec d'autant moins d'aigreur, que celle que nous auõs soufferte nous a dépleu. Nous ne nous contenterons pas de promettre la douceur Euangelique, mais nous la pratiquerons si visiblement, qu'en lisant cét escrit, on sera contraint de croire, que nous faisons plustost les excuses de ceux qui nous ont attaquez, que nostre propre Apologie. Et nous pouuons faire d'abord le mesme compliment aux Reuerends Peres de l'Abbaye de Flauigny, que S. Hierosme fit à S. Augustin, quand il fut contraint de s'en defendre. Nostre armement est tout de Iesus-Christ, comme toute nostre fin n'est que sa gloire. En cette guerre, nostre dessein est tout pacifique, & nous ne marchons au combat que pour le terminer par vn accommodement vtile aux deux partys.

Nostra armatura Christus est. *S. Hieron. Epist. 11. apud S. Aug. tom. 2.*

Nous n'y portons que des boucliers, & ce nous sera assez de parer les coups, sans vouloir rendre les iniures receuës. N'en doutez point, nos represailles sont toutes Chrestiennes : & peut-estre qu'en imitant la patience des Martyrs, nous tesmoignerons plus sensiblement, que nous auons en effet leurs vrayes Reliques. Nous esperons que cette moderation, ne sera pas vn des moindres argumens de nostre bonne foy & de nostre sincerité, dont nous allons donner des preuues tres-euidentes.

Filij Israël ad pugnandum processerunt mente pacificâ. *S. Hieron. Epist. 11. apud S. Aug. tom. 2.*

Mais auant que d'entrer en matiere, nous auons esté bien aises de commencer par ce Prelude, pour monstrer combien nous auons de regret, de voir que les Reuerends Peres de Flauigny n'ont pas suiuy les sages auis de tous les gens de bien, & particulierement de Monseigneur l'Euesque d'Autun, qui vouloit qu'on fist ensemble quelque conference, qu'on examinast de part & d'autre les Reliques auant que de rien aigrir; oüy nous protestons encore vne fois, que c'est nostre vnique déplaisir, de voir qu'on ait negligé vn remede si sage, si paisible, & si conforme à la modestie claustrale. Comme donc vous ne doutez pas qu'il ne soit dangereux de voir disputer sur de semblables suiets, nous auons esté bien aises de faire voir, que ce mal-heur se doit attribuer à ceux qui ont attaqué auec trop de precipitation, & non pas à ceux qui respondent par necessité. Et il estoit necessaire d'abord de representer tant de puissans motifs, qui nous contraignent d'en escrire, & de nous defendre: afin de preuenir le Lecteur, & s'il faut ainsi dire, afin de commencer par l'Apologie de nostre Apologie.

Si in defensionem mei aliqua scripsero, in te culpa sit, qui prouocasti: non in me, qui respondere cõpulsus sum. *S. Hieron. Epist. 14. apud S. Aug. tom. 2.*

Comment cette Relique a esté donnée à Monseigneur de Longueuille, & le tesmoignage de ce Prince.

CHAPITRE II.

MAIS pour mieux iuger de ce desmeslé, il faut sçauoir que Monseigneur de Longueuille ayant passé deux ans & plus à Munster, pour traiter la paix entre les deux Couronnes; vn peu auant qu'il partit on luy fit present de la Relique dont est question maintenant; & ce Prince l'ayant donnée au Reuerend Pere François son Confesseur, voicy le tesmoignage qu'il luy en donne.

Le Duc de Longueuille & d'Estouteuille, Pair de France, Prince souuerain de Neufchastel & de Valengin, Comte de Dunois, S. Paul, Chaumont, Tancaruille, & Lieutenant General pour le Roy en la Prouince de Normandie: Nous certifions à tous qu'il appartiendra, Qu'ayant pleu à Monseigneur l'Euesque d'Osnabrug de nous faire present d'vne Relique qui fait partie d'vn bras de saincte Reyne, ainsi qu'il est plus amplement contenu dans la Patente cy iointe dudit sieur Euesque, nous l'auons mise entre les mains du Pere François nostre Confesseur, Religieux de l'Obseruance, & luy auons donnée pour faire porter à saincte Reyne ladite Relique au Conuent des Religieux de son Ordre, ou en tel autre lieu qu'il auisera bon estre. En tesmoin dequoy nous luy auons fait deliurer le present certificat, que nous auons voulu signer de nostre main, & fait contresigner par l'vn de nos Secretaires, à Paris le 24. iour de Mars 1648.

Ce seul tesmoignage bien consideré, suffit pour iustifier les Reliques d'Alyse. Car comme ce Prince auroit-il esté trompé par vn present suspect, sur tout estant en vn tel employ, & pour vne paix si importante? & puis, comment auroit-il voulu tromper son propre Confesseur, & des Religieux qu'il ayme? certes il n'y a nulle apparence, que ce n'ait pas esté vn vray present: & s'il est suspect, nous aurons suiet de rendre suspectes toutes les Reliques qui ont esté données aux Princes, aux Roys, aux Reynes, lors qu'ils ont fait des voyages ou à la Terre-saincte, ou ailleurs. Car quel meilleur tesmoignage, quel certificat plus asseuré de la verité de leurs Reliques, que ceux que nous apportons pour celle d'Alyse?

Que cette Relique est donnée par l'Euesque d'Osnabrug, & tout son Chapitre, auec certificat authentique.

CHAPITRE III.

MAIS ne regardons point ce present entre les mains d'vn Prince qui le reçoit, voyons-le entre les mains d'vn Euesque qui luy donne auec tant de solemnité. voicy son tesmoignage:

NOVS FRANÇOIS GVILLAVME *par la grace de Dieu & du sainct Siege Apostolique Euesque des Eglises d'Osnabrug, Minden, & Verden, Coadiuteur & successeur en celle de Ratisbonne, Prince du sainct Empire, Archidiacre Preuost, Chanoine & Capitulaire des Eglises Metropolitaines & Cathedrales de Cologne, Frising, Ratisbonne, Bonne, & Esting, Comte de Vatambert, Scaumburg, Seigneur de Vualdt & Hachemberg, &c. A tous ceux qui ces presentes Lettres verront & entendront lire, Salut en nostre Seigneur. Et pour cét effet nous voulons que l'on sçache que haut & puissant Prince Monseigneur Henry d'Orleans, Duc de Longueuille, d'Estouteuille, Prince souuerain de Neufchastel, Comte de*

Dunois, de S. Paul, Chaumont, Gournay, Coulommiers, Baron de Vouant, Merauant, Hambie, Briguebers, Gouuerneur & Lieutenant pour le Roy en la Prouince de Normandie, Connestable hereditaire d'icelle Prouince, Ambassadeur extraordinaire du Roy tres-Chrestien & Plenipotentiaire deputé pour les traitez de la Paix generale. Poussé par sa pieté ordinaire enuers Dieu, par l'honneur qu'il porte aux Saincts, & par la deuotion qu'il a à l'Ordre Seraphique S. François, & par l'affection singuliere qu'il a pour vn lieu nommé Alyse ou Alexie, où la tres-saincte Reyne Vierge Martyre du Diocese d'Autun a autrefois constamment enduré le martyre, où il y a vn Conuent dudit Ordre estably. Nous ayant prié qu'il nous pleust luy accorder quelque partie du corps de ladite saincte Vierge & Martyre, lequel a esté apporté de France auec plusieurs autres Reliques sainctes auec pompe & magnificence il y a presque neuf siecles, par S. Charlemagne Empereur & Roy de France, lors que dans la Saxe premierement bastit & fonda liberalement nostredite Eglise d'Osnabrug, dans laquelle il transporta ledit corps sainct auec d'autres Reliques, & où par la Prouidence il a esté conserué & honoré iusqu'à present de tous les peuples. Nous donc voulant satisfaire à sa priere, & par son moyen exciter la deuotion des fideles, & aduancer l'honneur de ladite saincte audit lieu d'Alyse, & dans le Conuent des Religieux de S. François, par l'auis & conseil de nostre venerable Chapitre d'Osnabrug, nous luy auons donné vne grande partie de l'os radial du bras de ladite saincte Vierge & Martyre, auec la chasse d'argent dans laquelle il est enfermé, le priant d'honorer cette digne portion des reliques de cette glorieuse Saincte, comme estant veritablement vne partie tirée du corps de cette illustre Martyre, & de procurer qu'elle soit honorée religieusement de tous les fideles, & venerée sainctement. Suppliant aussi de tout nostre cœur la diuine Clemence, par l'intercession de cette Saincte, le conseruer & remplir de toutes les graces & benedictions celestes. En foy dequoy nous auons cy-dessus signé les Patentes de nostre main, & y auons fait poser nostre sceau. Fait à Munster en Vvestphalie le 22. Ianuier, l'an de la Naissance de nostre Seigneur 1648. & de nostre Euesché d'Osnabrug 23. Minde & Verden 19. signé, François Guillaume. Et nous Iean Verger Delecardt Preuost, Iean de Melschede Doyen, Godefroy Drosse Antien, & de tout le Chapitre de la susdite Eglise d'Osnabrug, certifions par l'application de nostre sceau, que la susdite *partie du corps de saincte Reyne Vierge & Martyre, a esté tirée par nostre consentement du tresor des Reliques de nostre Eglise par son Altesse Monseigneur l'Euesque & Prince, où elle auoit esté pendant tous ses siecles, estimée, honorée de nous & de tous les fideles, comme vne veritable Relique. Fait à Osnabrug en nostre Chapitre le 29. Ianuier, l'an cy-dessus, & scellé d'vn double sceau de cire rouge & verte enfermée en des boëtes de bois & de fer blanc.*

Considerez bien ces deux tesmoignages : quant au premier, c'est vn Euesque qui donne cette Relique, & qui la donne auec tant de solemnité : mais vn Euesque considerable en toutes façons, tant pour sa naissance que pour sa science, & pour son zele à l'Eglise ; & ce grand personnage tesmoigne que c'est vne Relique de saincte Reyne d'Alyse, & non d'aucune autre saincte Reyne.

De plus, il dit si nettement que ce present leur fut fait par Charlemagne, & que c'est la croyance de tout leur Païs: enfin il prie qu'on ait bien soin, de faire honorer par tout cette saincte Relique.

Aprés ce tesmoignage si authentique, si on considere encore celuy de tout le

Chapitre d'Osnabrug, ie crois qu'on ne cherchera plus d'autres preuues, n'y ayant pas d'apparence qu'vne Assemblée si celebre ait donné vn present suspect : & que tant d'honnestes gens assemblez eussent voulu tromper le public, c'est mesme vn crime de les vouloir rendre suspects.

Tesmoignage tiré des Archiues de l'Eglise d'Osnabrug.

CHAP. IV.

ET pour monstrer que c'est vne croyãce fort ancienne & bien fondée, non seulement à Osnabrug, mais en toute l'Alemagne, il ne faut que considerer le certificat qu'on a tiré du liure des Archiues d'Osnabrug, dont voicy l'extraict.

En ce lieu repose le corps de la bien-heureuse Reyne Vierge, fille d'vn certain Roy nommé Clement; elle endura le martyre le 7. des Ides de Septembre sous l'Empereur Maximian & sous Olybre en la cité d'Alyse : comme on la mena au supplice, on vid vne Colombe descendre du Ciel qui luy apportoit vne couronne auec ces mots, Venez, venez Reyne au Royau-

me de Iesus-Christ, vous estes bien-heureuse d'auoir merité cette couronne. Et au bas de ce tesmoignage est signé vn Euesque nommé Godefroy d'Harisbert, Prelat de grande consideration en toutes façons, tant pour sa naissance illustre, que pour ses rares merites.

Ce qu'il faut remarquer est, que le R. P. François ne receut cette Relique que peu d'heures auant son depart; en sorte qu'on transcriuit ce billet à la haste, sans auoir eu le temps de le faire collationner: mais c'est vne circonstance aisée à adiouster, il n'y a pas si loin d'icy à Osnabrug qu'on ne puisse s'en esclaircir aisément, il n'y a pas d'apparence qu'on eust fait vn mensonge si aisé à descouurir & si grossier.

Le Breuiaire d'Osnabrug dit que c'est saincte Reyne d'Alyse, les Escriteaux anciens, & la tradition du Païs.

CHAP. V.

MAIS quel tesmoignage plus celebre & plus irreprochable, que ce qui se chante publiquement dans l'Eglise ? voicy le Breuiaire, où il est fait mention que c'estoit saincte Reyne d'Alyse, & non autre. *Au temps de l'Empereur Maximien, sous le Prefet Olybre, vne vierge nommée Reyne, fille vnique d'vn certain Payen nommé Clement, endura le martyre : & ce qui l'encouragea dauantage à mettre toute son esperance en Dieu, quoy qu'elle n'eust que quinze ans, fut qu'elle entendoit reciter souuent les genereux combats des Martyrs. Olybre passant par Alyse, l'ayant regardée, & estant épris de sa beauté, commanda qu'on la saisist, & en suite l'ayant interrogée sur sa croyance, elle auoüa librement qu'elle estoit Chrestienne.* Ce qui monstre euidemment que c'est saincte Reyne d'Alyse, & non pas vne autre : ce tesmoignage est tres-exprés, & capable de confondre les plus opiniastres.

D'ailleurs tous les Escriteaux anciens qui sont sur les caisses des Martyrs, monstrent que c'estoit cette mesme saincte Reyne d'Alyse.

Et outre ces monumens si sensibles, de plus c'est vne tradition publique & ancienne de tout vn Païs, & qui ne se peut pas démentir aisément : à moins que de n'auoir pas le sens commun, & à moins que de s'inscrire en faux contre tout vn

Diocese, qui depuis tant de siecles croit que c'est saincte Reyne d'Alyse.

Tous ces Certificats approuuez par Monseigneur l'Archeuesque de Paris, qui commande d'honorer cette Relique en son Diocese, & donne Indulgence pour cela.

CHAP. VI.

CEs tesmoignages si authentiques en toutes façons, ne doiuent laisser aucun doute de la verité de nos Reliques : mais pour monstrer, que toutes ces Patentes & tous ces Certificats que nous auons apportez d'Alemagne sont en bonne forme, il ne faut que lire le Iugement qu'en a fait Monseigneur l'Archeuesque de Paris, lors que nous les auons apportées en France.

NOVS IEAN-FRANÇOIS DE GONDY *par la grace de Dieu & du sainct Siege Apostolique Archeuesque de Paris, A tous ceux qui ces presentes Lettres verront, Salut & benediction. Ayant veu le sacré & authentique Reliquaire de la plus grande partie du bras de saincte Reyne Vierge & Martyre, donné par l'Illustrissime François Guillaume Euesque des*

Eglises d'Osnabrug & Verden, & le Consentement du grand Chapitre de Messieurs les Chanoines du lieu d'Osnabrug, comme il appert par leurs signes & sceaux Episcopal, & celuy du Chapitre, à haut & puissant Prince Henry d'Orleans, Duc de Longueuille, & Ambassadeur extraordinaire du Roy tres-Chrestien, & Plenipotentiaire pour le traité de la Paix generale: lesquelles Reliques estant destinées par iceluy Seigneur Prince, pour estre mises au Conuent des Religieux de l'estroite Obseruance de S. François de la Prouince de S. Bonauenture ou Bourgogne, basty au lieu d'Alyse, qui est le lieu où ladite saincte Reyne a enduré le martyre. Nous pour la plus grande gloire de Dieu, pour la veneration & reuerence de la Saincte, & pour la pieté des fideles, accordons quarante iours d'Indulgence à tous les fideles de nostre Diocese qui honoreront les sainctes Reliques: soit qu'elles soient exposées à Paris, soit aux autres endroits de nostre Diocese, pendant la translation d'icelles audit lieu d'Alyse au Diocese d'Autun. En foy dequoy nous auons fait mettre les sceaux à ces presentes. Donné à Paris l'an de nostre Seigneur 1648. le 17. iour d'Auril, signé DV SAVSSAY, *Vicaire general & Official de Paris, & plus bas,* ROGER, *Notaire, pour le Secretaire absent.*

Or

Or ſuppoſé ce teſmoignage, il faut de neceſſité que ceux qui doutent de la verité de cette Relique, doutent auſſi de la prudence & de la pieté de Monſeigneur l'Archeueſque de Patis: car quelle apparence qu'il vouluſt tromper ſon Dioceſe, en commandant d'honorer cette Relique comme de ſaincte Reyne d'Alyſe? & puis comment s'imaginer qu'vn Prelat de cette importãce, ne ſçache pas examiner les Certificats qu'on a apportez d'Oſnabrug? Certainement ce ſeul teſmoignage met aſſez à couuert les Religieux d'Alyſe, quand ils n'auroient point d'autres defenſes pour eux.

Monſeigneur l'Eueſque d'Autun approuue tous ces teſmoignages, & reçoit cette Relique comme de ſaincte Reyne d'Alyſe.

CHAP. VII.

MAIS enfin voyons ce que dit l'Eueſque du lieu, à qui il appartient d'examiner & de iuger en de ſemblables rencontres.

NOVS CLAVDE DE LA MAGDELAINE DE RAGNY, par la grace de Dieu & du ſainct

Siege Apostolique, Euesque d'Autun, Comte de Saulieu, Baron de Lucenay, à tous ceux qui ces presentes Lettres verront, Salut. Veu l'Instrument authentique & solemnel qui nous a esté representé, par lequel il appert auoir esté donné une saincte & venerable Relique de saincte Reyne Vierge & Martyre, faisant la principale partie du bras de ladite Saincte, renfermée dans un reliquaire d'argent, à haut & puissant Prince Henry d'Orleans, Duc de Longueuille, & Ambassadeur extraordinaire du Roy tres-Chrestien, & Plenipotentiaire pour le traité de la Paix generale, par l'Illustrissime Seigneur François Guillaume, Euesque des Eglises d'Osnabrug, Miden & de Verden, comme le tesmoigne ledit Seigneur Euesque, & le venerable Chapitre de Messieurs les Chanoines du lieu d'Osnabrug, & comme il appert par leurs signatures & par leurs sceaux Episcopal, & celuy dudit Chapitre: laquelle Relique estant destinée par iceluy Serenissime Prince de Longueuille pour le Conuent des Reuerends Peres Reformez de l'Obseruance de S. François de la Prouince de S. Bonauenture ou Bourgogne, basty au lieu d'Alyse, qui est le lieu du martyre de ladite saincte Reyne Vierge: Nous pour la plus grande gloire de Dieu, permettons de nostre authorité, que les sainctes Reliques soient apportées audit lieu d'Alyse, de nostre Diocese, & qu'elles soient exposées publiquement pour exciter la deuotion des fideles, dans la Chapelle communément dite de saincte Reyne, & ce par lesdits Peres de l'Obseruance, depositaires d'icelles Reliques, pendant le temps qu'ils celebreront leurs Offices, & offriront leurs saincts Sacrifices dans ladite Chapelle: & s'il arriue ausdits Religieux de bastir vne nouuelle Eglise, ou vne Chapelle, nous voulons qu'ils y transportent lesdites Reliques, comme de raison est, pour aduancer l'honneur de Dieu, & la deuotion de ladite saincte Vierge & Martyre, pourueu qu'ils bastissent dans le mesme lieu d'Alyse, n'entendant qu'ils la puissent transporter ailleurs sans nostre authorité & speciale permission obtenuë par escrit. Et afin que chacun connoisse l'honneur que nous portons à ladite saincte Reyne Vierge & Martyre, nous accordons pour vne fois seulement quarante iours d'Indulgence à tous les fideles, qui estant confessez & communiez visiteront la Chapelle ou Eglise où reposeront lesdites sainctes Reliques. Donné en nostre Palais Episcopal sous nostre signe & sceau le 20. de Mars, l'an de la Naissance de nostre Seigneur 1648. Par le commandement de Monseigneur l'Illustrissime Euesque, DVMAS.

Considerez bien les circonstances de ce tesmoignage : C'est vn Euesque qui est sur les lieux, & qui sçait bien qu'on croit communément que le corps de Ste Reyne est à Flauigny : mais qui pourtant approuue céte partie de la Relique, quoy qu'il sçache ce qu'on dit du corps entier; & c'est vne obseruation fort importante. Mais il l'approuue & la croit si bien, qu'il commande qu'on l'honore en son Diocese, comme vne Relique qui doit augmenter la pieté des fideles : permettant aux Peres d'Alyse, de transporter ladite Relique dans l'Eglise nouuelle qu'on bastira à l'aduenir ; mesme il donne des Indulgences à ceux qui luy rendront leurs respects, & qui visiteront la Chapelle.

Preuues tirées de l'Histoire de Paradin & de Iurain.

CHAPITRE VIII.

ENFIN cette derniere preuue semble plus fondamentale, & acheue de confirmer toutes les autres. Ce dernier tesmoignage de la bonne foy des Religieux de saincte Reyne, semble tres-fort & conuaincant : car quand on dit, qu'il faut que cette translation se soit faite au temps de Ionas pour lors Euesque d'Autun, qui pourtant, à ce qu'on oppose, ne fut Euesque que l'an 853. ou 851. & cependant Charlemagne estoit desia mort, à sçauoir l'an 814. en sorte qu'il y auroit vn grand mesconte : Il suffit aux Peres de saincte Reyne d'auoir des tesmoignages certains, qui monstrent que ce Ionas Euesque d'Autun, viuoit dés le temps de Charlemagne. Or Paradin dit, *que Charlemagne fit plusieurs grands bienfaits aux Eglises de Bourgogne, qu'il fit rebastir les Eglises de S. Vincent de Mascon & de Chalon auec dotations magnifiques : & que l'an 20. de son regne, le 3. iour du mois d'Octobre, il rendit à l'Eglise d'Autun, à la priere de Ionas pour lors Euesque de ladite ville, la seigneurie de la ville de Tillenay sur Saone.* Par où il conste que ce Ionas viuoit desia au temps de Charlemagne, & iugez si ce tesmoin est corrompu.

Annales de Baron. t. 1. l. 761. p. 95.

En voicy vn autre qui est encore plus exprés & plus croyable, c'est Mre Claude Iurain Aduocat, Preuost Royal, & Antique Mayeur d'Auxonne, qui dit, *que cette leuation ou translation du corps de sainte Reyne se fit au temps de Charlemagne, & qu'il a tiré des anciens liures de l'Abbaye de Flauigny, & le mesme Autheur asseure auoir leu le liure des Fondations de ce Monastere de Flauigny, en date du 5. des Nones de May, l'an 7. de son regne, le tout signé de luy en forme de croix, marque quasi pareille à celle de ses monnoyes fabriquées à Mayence, que Greserus represente sous cette mesme figure.* Or voyez si cét Autheur est reprochable, puisqu'il est mort il y a plus de vingt ans: & que d'ailleurs estant du païs, & sur les lieux, il est pour sçauoir des particularitez, ausquelles on peut s'arrester.

Mais quād nous n'aurions pas trouué ce témoignage si euident dans l'Histoire, ie laisse à iuger si le certificat de l'Euesque, qui l'asseure en paroles si expresses, ne nous suffiroit pas : car tout le Diocese d'Osnabrug, mesme toute cette Nation, croyent que c'est Charlemagne qui l'a apportée en la Saxe, & qui en a honoré l'Eglise d'Osnabrug. Et il faut bien que leur croyance soit appuyée de quelque raison, quoy qu'à present nous n'en sçachions pas les circonstances particulieres : c'est dequoy on se peut esclaircir auec le temps, & tres-facilement.

Mais en attendant cét esclaircissement du détail, il nous suffit d'estre appuyez sur des tesmoignages si authentiques; il nous suffit de faire voir que c'est la croyance de tout le Diocese d'Osnabrug, que cette Relique est de saincte Reyne d'Alyse, & qu'elle a esté donnée par Charlemagne: quand mesme nous ne sçaurions pas le temps, ny les circonstances de cette translation, ce sont des particularitez bien souuent inconnuës en matiere de Reliques.

Abregé de tous ces tesmoignages.

CHAP. IX.

A QVOY il ne reste rien à adiouster, sinon de faire reflexion sur tant de tesmoignages authentiques que nous auons apportez, pour tesmoigner nostre bonne foy, & la verité de nos Reliques.

Puisque c'est vne Relique donnée à vn grand Prince, & aprés vn employ si important.

Cette Relique luy est donnée par vn Euesque tres-considerable en toutes façons, auec le certificat de tout ſon Chapitre.

Les anciennes Archiues de l'Eueſché d'Oſnabrug portent que c'eſt de ſaincte Reyne d'Alyſe, & ce teſmoignage eſt irreprochable.

Le Breuiaire dit en paroles expreſſes, que ces Reliques ſont de ſaincte Reyne d'Alyſe, & cette verité ſe chante publiquement durant l'Office.

Les Eſcriteaux anciens des caiſſes des Reliques, & la Tradition de tout le Dioceſe, confirment la meſme choſe.

Ces teſmoignages ont ſemblé ſi authentiques à Monſeigneur l'Archeueſque de Paris, qu'il reçoit cette Relique, l'approuue ſolemnellement, & a donné Indulgence à ceux qui l'honorent.

Enfin Monſeigneur d'Autun, qui eſt ſur les lieux, ayant veu tous ces teſmoignages en bonne forme, a permis que cette Relique ſoit honorée à Alyſe, a permis que cét oſſement du bras ſoit eſtimé de ſaincte Reyne d'Alyſe, quoy qu'il ſçache qu'on dit que ſon corps eſt à Flauigny.

Qu'on ramaſſe toutes ces preuues pour iuger equitablement, ſi les Peres de l'Obſeruance de ſaincte Reyne ne ſont pas bien appuyez, & bien fondez pour defendre leur Relique maintenant, & pour l'expoſer publiquement, afin qu'on luy rende l'honneur qui luy eſt deu, & que les peuples en reçoiuent la protection & le ſecours qu'ils eſperent. Nous ne craignons point de dire, qu'il n'y a guere de Reliques au monde, dont la verité ſoit mieux atteſtée que de cettecy. En ſorte qu'il ne ſera pas beaucoup difficile de reſpondre aux obiections qu'on nous fait, & que nous allons examiner en la ſeconde partie, aprés auoir eſtably noſtre fondement & noſtre bonne foy en la premiere.

SECONDE PARTIE, *où l'on respond aux Obiections.*

LA premiere partie de cét Opuscule ayant fait voir les iustes fondemens & les preuues conuainquantes, qui monstrent la verité du nostre Relique : il sera aisé en cette seconde, de respondre aux obiections qu'on nous fait, & que nous allons examiner auec toute la moderation qu'on peut souhaiter en telle rencontre, ne nous attachant qu'à ce qui est de principal, sans nous arrester à ce qui est friuole ou meslé de quelque outrage.

Quand donc vous dites *que Monseigneur l'Euesque d'Autun vous a permis de faire vostre Apologie*, il me semble que vous ne deuiez pas celer les bons auis que vous auoit donnez vn Prelat si sage, & si digne d'estre obeï : car il vous auoit ordonné auant toutes choses, de faire conference auec nous, de nous voir amiablement ensemble, afin de bien examiner les Reliques auant que de rien aigrir. Or ie vous demande, si vous auez suiuy ce prudent conseil, qui eust empesché tous les scandales. Mais bien loin d'obseruer cette precaution, vous auez tout d'vn coup descrié nos Reliques, & donné au iour vn liuret tres-indigne de la modestie & de la charité claustrale.

Et quand vous dites, que vous auez obeï à ce sage Prelat, *que vous auez confronté vos Reliques auec les nostres, & qu'aprés cette confrontation, les gens que vous auez amenez pour cela ont iugé, que l'ossement du bras que nous auons, paroist plus gros, & comme d'vne fille de trente ans, pendant que les deux bras de vostre Relique sont d'égale grandeur, & comme d'vne fille âgée seulement de quinze ans*; ie m'estonne que vous ayez osé faire vn aueu si solemnel, & qui fait pourtant toute vostre condamnation. Et vous nous pardonnerez, si nous disons que cette allegation est contre vous-mesme, & que sans doute ce nous est vne descharge tres-euidente. Car ie veux que vous soyez venu chez nous, & que vous y ayez consideré nos Reliques: mais comment auez-vous fait cette visite? nous en auez-vous auertis? quels estoient vos tesmoins? vous y estes venu en cachette: vous y auez amené des gens auec vous, qui ont fait ce qu'il vous a pleu. Et vous pensez que c'est vn acte fort authentique, & qu'il suffit de dire que nostre ossement est plus gros que les vostres. Certainement cette visite que vous auez faite sans nous en auertir, est reprochable en toutes façons, puisque en toutes ses circonstances elle n'est nullement conforme, au sage auis que vous auoit donné Monseigneur d'Autun. Et puis, pourquoy vous cacher, si vous auez tant d'auantage? pourquoy craindre qu'il n'y eust des Arbitres de nostre costé, puisque ce n'eust esté que pour nostre honte, supposé vos reproches & vos inuectiues? Ce seul endroit vous doit fermer la bouche, & vous faire rougir, d'vn procedé clandestin & entierement suspect.

Venons à ce billet, que nous auons tiré des Archiues de l'Euesché d'Osnabrug, & que vous attaquez si rudement. Nous vous accordons que nous ne l'auons pas fait collationner, mais nous vous declarons en mesme temps, qu'il nous fut impossible, parce que nous ne receusmes la Relique que deux ou trois heures auant que de partir, & dans le débris & les embaras d'vn depart, nous n'eusmes pas le temps de prendre ces asseurances. Mais nous auons des tesmoins dignes de foy, qui ont veu le liure à Osnabrug, & qui certifient que nostre billet est tres-veritable. Et surquoy il suffit de voir à la fin de ce liure le tesmoignage tres-authentique de Mr de la Court, Plenipotentiaire, & de Mr Mirebus Secretaire de l'Ambassade, qui a copié ledit Billet, & les leçons du Breuiaire de l'Eglise d'Osnabrug. De Monsieur Vattin, Preuost & Doyen des Eglises de Chasteaudun, & Aumosnier de Monseigneur de Longueuille, & mesme d'vn Domestique de Monsieur le Comte d'Auaux. Et de plus, il n'est pas mal-aisé de s'éclaircir de cela, & d'enuoyer prendre vne copie tout de nouueau de la mesme chose: si c'est vne fausseté, elle est fort aisée à descouurir.

Vous-vous estes bien donné de la peine, pour eluder vn certificat qui en effet vous incommode beaucoup. C'est lors que vous voyez que Godefroy de Harisbert a tesmoigné dans les Archiues d'Osnabrug, que c'est vne Relique de saincte

Reyne d'Alyse, & non d'vne autre : ce tesmoin vous presse, & vous taschez de le rendre suspect. Mais comment ? nous vous alleguons vn faict reel & sensible; & vous le pensez eluder par des coniectures trouuées à plaisir, & par des vains eschapatoires. Vous dites que ce Prelat visitant ces Reliques d'Osnabrug, *se seroit persuadé qu'elles seroient de saincte Reyne, à cause que c'est la plus fameuse.* Mais qui vous fait recourir à ces coniectures? quel fondement auez vous à ces vaines probabilitez ? On vous allegue vn faict tres-authentique, on vous propose vne attestation veritable & irreprochable, & vous pensez la rendre suspecte par des artifices si grossiers ? Vn Euesque de telle importance asseure que ce sont veritablement des Reliques de saincte Reyne d'Alyse, & il l'asseure par la teneur des Archiues de son Eglise : il en donne vn certificat; & vous ne craignez point de luy donner vn démentir, & vous voulez qu'il ait eu cette vision pour nous fauoriser? Certainemét cét attentat est estrange, il ne nous choque pas tant comme il choque tous les Prelats de l'Eglise, dont les certificats & les tesmoignages vous semblent si peu considerables.

Voicy encore vne de vos autres productions d'esprit, qui n'est gueres plus solide, c'est que quand on vous dit qu'on fait à Osnabrug la feste de saincte Reyne d'Alyse, & non d'vne autre : vous dites qu'il ne s'ensuit pas pour cela, qu'il y ait des Reliques de cette Saincte en cette Eglise, mais que cette deuotion est fondée sur le bruit des miracles de cette Saincte. Et pour donner quelque couleur à vostre pensée, vous dites *que Egil ou Cygil, qui estoit Abbé de Flauigny au temps de la translation des Reliques de saincte Reyne, estoit homme de naissance, & venu depuis peu d'Alemagne en Bourgogne, qu'il est bien croyable que plusieurs Alemans l'accompagnerent, qui en voyant les miracles de cette Saincte, en apporterent les nouuelles à leur retour, & y auserent cette deuotion.* A quoy vous adioustez, *qu'en ce temps là les Princes de Bauiere auoient de grands biens en Bourgogne, où ils venoient quelquefois ; & où en voyant les merueilles que Dieu faisoit en faueur de cette Saincte, auroient fait faire sa feste en Alemagne.* Et si on vous demande sur quoy vous estes fondez à dire cela ? vous dites seulement, *qu'il y a bien appa-*

rence, & qu'on pourroit bien se l'imaginer. Voyez par vos façons de parler, comme vous monstrez tout à nud & à descouuert vostre foiblesse. Nous vous monstrons par des attestations sans reproches, que l'Office & la feste de saincte Reyne se fait à Osnabrug, & nous vous monstrons qu'ils en ont des Reliques, & le monstrons par de si bons certificats, que les Euesques les approuuent: & vous pensez qu'il suffit d'alleguer des probabilitez? Vous croyez que c'est assez de dire, *qu'il se peut faire* qu'ils en ont des Reliques, *qu'il y a apparence* que cela vient d'ailleurs. Certes ce que vous dites en cela contre nous, est plus à nostre aduantage, que tout ce que nous alleguons en nostre faueur.

N'oublions pas vne circonstance assez notable; c'est que vous dites *que l'Abbé Egil estoit venu depuis peu d'Alemagne en Bourgogne;* & cependant Iurain nous asseure, *qu'vn Religieux de l'Ordre de Sainct Benoist, nommé Egil, personnage plein de saincteté & de pieté, fut auec deux ou trois de ses freres Religieux, enuoyé d'Italie en France pour visiter & reformer ceux de son Ordre qui y estoient, & qu'il s'arresta & habitua au Conuent*

uent de Flauigny. Voyez comment vous vous démeslerez de cette contradiction, quoy que cela ne regarde pas la fin de nostre affaire.

Mais puisque vous mettez si hardiment en œuure toute sorte de probabilitez, il me semble que nous pourrions aussi nous en seruir : & comme vous dites qu'il est probable, que les Seigneurs d'Alemagne, ou les Princes de Bauiere, venant en Bourgogne, aprés y auoir veu les merueilles de cette Saincte, en ont espandu le bruit dans leur païs, pour y en faire l'Office: Puisque, dis-ie, vous voulez qu'ils y ayent apporté le bruit & le renom de cette Saincte, & que cela est probable, pourquoy n'est-il pas aussi probable qu'ils en ayent apporté des Reliques? Ne donnoit-on pas des Reliques aux grands Seigneurs & aux Princes durant leurs voyages? Et en suite, ne pourrons-nous pas dire, qu'il seroit probable, & qu'il y a bien de l'apparence qu'ils auroient rapporté cét ossement de saincte Reyne? Cette probabilité seroit mieux fondée que toutes les vostres. Mais nous auons des preuues fortes & solides, sans nous amuser aux coniectures. Nous auons assez monstré, comme c'est Charlemagne qui a fait present de ces Reliques à l'Eglise d'Osnabrug; & tout ce que vous alleguez au contraire, est si foible, qu'il suffit d'en remarquer la foiblesse pour faire nostre Apologie.

Pour descrier nostre Relique, vous dites *qu'elle estoit dans Osnabrug, & que cette ville ayant esté bruslée & pillée par les Suedois, qui ont profané les Eglises, il se peut faire que par derision, ils ayent changé les ossemens, pour en substituer d'autres.* Mais quand vous parlez si legerement, ne sentez-vous point quelle passion vous transporte? Sçachez donc, que quand Osnabrug a esté pris, le pillage fut racheté; cette ville donna vne certaine somme d'argent aux vainqueurs, qui l'accepterent, sans toucher en rien aux Eglises. Et c'est vn faict que vous deuiez sçauoir, auant que de vous engager à rien auancer de si imprudent. C'est vne histoire solide, c'est vne relation dont on peut s'éclaircir: Et cela supposé, que deuiendront vos probabilitez imaginaires, & vos coniectures visionnaires? Cherchez donc de meilleurs argumens pour descrier nostre Relique, & prenez garde que le coup ne retourne sur vous-mesme auec plus d'effet.

A quoy vous adioustez, pour monstrer que cette Relique doit estre suspecte, *qu'on se doit défier de la malice d'vn Euesque Luterien*, tel *qu'estoit le predecesseur de celuy-cy, estant ennemy iuré des sainctes Reliques, & qui par consequent pouuoit distraire ou alterer celles de son Eglise.* Voyez iusques où la passion vous aueugle ? puisque quand il y a vn Euesque Luterien, il n'a aucun pouuoir en ce qui est de l'Eglise, ny des Reliques ; tout cela dépend du Chapitre, qui en dispose absolument, en sorte que pour lors l'Euesque ne s'en mesle nullement. Et ie m'estonne que vous ayez pû ignorer cette circonstance, que tant de gens vous pouuoient apprendre : & cela supposé, vous deuiez rougir de voir combien vos efforts sont vains pour descrier nostre Relique ; & ie m'asseure que personne ne lira cette responSe, qui n'admire vostre peu de conduite, & la patience de nos Peres.

Pour ne rien obmettre à rendre cette Relique suspecte, vous dites *qu'vne fille l'ayant baisée deux ou trois fois, au lieu de guerir, en deuint plus malade qu'auparauant:*

en sorte que les seruantes qui l'auoient en garde, desespererent depuis ce temps de sa santé. Mais en parlant de la sorte, vous ne voyez pas que vous rendez encore le miracle plus esclatant, & que vous confirmez la verité de nos Reliques, lors mesme que vous les voulez rendre suspectes. Car qui ne sçait que la pluspart des malades qui sont gueris par la vertu des Reliques, sont gueris de cette façon. Au moment que leur mal doit cesser, c'est pour lors qu'il redouble, afin que la puissance diuine paroisse auec plus d'esclat, durant cette agonie de la foiblesse humaine : c'est afin de monstrer que c'est Dieu qui agit, & non pas l'homme ; la nature s'eclipsant pour lors, afin que ces tenebres rendent cette grace plus brillante. C'est la methode toute celeste de ce Medecin tout-puissant, c'est sa façon d'operer les miracles, & il y en a mille exemples. Mais celuy qui arriua à Fermontier il n'y a pas long-temps, suffit pour cette heure : Vne Religieuse de l'Ordre de S. Benoist, estant deuenuë aueugle depuis l'âge de douze ans, elle demanda à toucher les sacrez ossemens de saincte Fare, ce qu'elle n'eut pas si tost fait, qu'elle tomba esuanouye, & sentit des douleurs extrémes: mais auec vn si heureux succez, qu'en reuenant de cét esuanouïssement, elle sentit que ses yeux s'ouuroient peu à peu, & elle auertit vne des Religieuses qu'elle auoit laissé tomber son voile.

Mais voyez iusqu'à quelle extremité vous vous emportez, lors que vous taschez d'affoiblir toutes les preuues que nous alleguons. Parce que vous voyez que Iurain dit, que la translation des Reliques de saincte Reyne s'est faite au temps de Charlemagne, vous voulez que cét Historien soit de nulle foy: vous dites *que cét Autheur n'est point versé dans la lecture des anciens chiffres & caracteres, & encore moins dans l'Histoire Ecclesiastique, qu'il s'est mespris, prenant Charlemagne pour Charles le Chauue.* Mais à cela nous vous demandons simplement, pourquoy vous voulez que nous deferions plus à vostre sentiment, qu'à celuy de cét Autheur? Estes-vous plus croyable que luy? n'estoit-il pas plus desinteressé que vous? Mais l'auons-nous suborné? C'est vn homme qui a escrit il y a plus de vingt ans, qui a esté fort estimé en son temps, qui est approuué par les Officiers de l'Euesque de Langres, & qui aprés tout, parle comme il faut de cette translation: & parce que son tesmoignage ne vous plaist pas, il faut que ce soit vn tesmoin de neant. Pour donner & oster ainsi l'authorité, il faudroit que vous en eussiez beaucoup plus que vous n'en auez vous-mesme. C'est dequoy on pourroit doûter plus que de celle de Iurain, qui ne dit rien que de conforme à Paradin, & à plusieurs grands personnages.

Voyant que tant de tesmoignages & de certificats apportez d'Osnabrug vous pressent & vous embarassent, vous dites *que le R. P. François, qui a apporté cette Relique, aura pû persuader à ces Chanoines d'Osnabrug, que c'est de saincte Reyne d'Alyse.* Mais pour toute responce, il me suffit de vous demander, non pas où est vostre esprit, mais où est vostre conscience, vostre modestie, vostre prudence? Voyez combien vous blessez de personnes par vn mesme coup. Pour croire à cette imposture, il faudroit croire premierement, que les Ecclesiastiques d'Osnabrug seroient bien aisez à suborner, & qu'ils n'ont ny gens d'esprit, ny gens d'honneur, en s'accommodant à la surprise du Pere François, que vous voulez faire passer pour fourbe & pour trompeur, mais en vne matiere si importante. Et certainement vous deuiez espargner vne personne d'honneur & de consideration, comme est ce Reuerend Pere, qui passe pour vn homme plein d'integrité. Mais ie veux qu'il fust tel que vous le dépeignez, comment voulez-vous que cét Euesque, que le Chapitre d'Osnabrug ait donné des Certificats contre leur croyance? Mais de plus, auant que le P. François eust esté en ce païs-là, les Escriteaux publics ne portoient-ils pas que c'est de saincte Reyne d'Alyse? le Calendrier ne dit-il pas la mesme chose? & la feste ne s'y faisoit-elle pas de cette saincte Reyne d'Alyse? comment donc leur auroit-il persuadé?

Vous dites de plus, *que le Pere François a supposé vn autre ossement à Monsieur de Longueuille, & qu'il en monstre vn autre que celuy qui est specifié par ses Patentes.* Pour respondre à cela, ie laisse à part l'interest de ce pauure Pere, qui doit auoir beaucoup de patience pour souffrir vn outrage si iniurieux & si mal fondé: Mais en parlant de la sorte, quel iugement faites-vous d'vn si grand Prince, dont il a l'honneur d'estre Confesseur ? quelle pensée auez-vous de son esprit, s'il est assez simple pour s'estre laissé ainsi abuser; ou s'il est si peu zelé pour les choses sainctes; s'il souffre vn abus si public, mais vn abus si scandaleux : voyez jusqu'où porte le coup de cét attentat ? Mais pourquoy le Pere François supposeroit-il vn autre ossement, puisque ceux d'Osnabrug luy ont donné vn ossement de saincte Reyne, comme leurs Patentes le tesmoignent ?

Mais vous passez des outrages aux railleries, qui ne vous sont pas pourtant fort bien-seantes; vous dites, *que ce R. P. François pense auoir trouué la verité de sa Relique, en faisant voir de petites images iaunes, où l'on voit l'image de saincte Reyne.* Et cependant, en taschant de faire passer le Pere pour ridicule, vous ne voyez pas que vous vous descriez tout à fait, ce que vous alleguez estant entierement contre vous. Ce que vous appellez *des images iaunes*, n'est autre chose qu'vn tres-beau Calendrier qu'il a apporté d'Osnabrug, où l'image de saincte Reyne est gra[...]

& sa feste marquée cõme d'vne Patrone de ce païs-là; mais c'est de la saincte Reyne d'Alyse. Et ce Calendrier monstre assez la croyance de tout vn païs, & en establissant la verité des Reliques, la nommant d'Alyse, il fait voir que vos railleries ont vn autre effet que celuy que vous pretendez. A bien considerer ce seul Calendrier, quand nous n'aurions point d'autres preuues, il monstre euidemment, & la croyance publique de l'Eglise d'Osnabrug, & par consequent nostre bonne foy, & la verité de nos Reliques.

Il y a d'autres endroits où vous faites le zelé, & où vous dites *que c'est signer le bannissement de saincte Reyne, que signer son retour: que c'est rauir l'honneur à cette Saincte, de dire que ses Reliques sont ailleurs qu'à l'Abbaye de Flauigny:* enfin *que c'est la persecuter.* Mais vostre zele n'a non plus de fondement que vos railleries: Saincte Reyne a souffert le martyre à Alyse, & c'est la deshonorer, à vostre auis, que de rapporter ses Reliques au mesme lieu. Quelle façon de raisonner? Est-ce rauir l'honneur des Saincts, que de multiplier le nombre de leurs deuots, que de faire voir leurs Reliques à plusieurs personnes ? A vostre compte, saincte Helene aura persecuté la Croix, lors qu'elle l'a fait transporter, & qu'elle l'a apportée de Ierusalem à Constantinople; & ainsi en est-il des Roys & des Reynes, qui ont transporté ou diuisé quelques Reliques, il faudra dire que ç'ont esté de nouueaux tyrans, & de nouueaux persecuteurs des Martyrs: & ce qui est fascheux à conclure, il faudra dire, que Monseigneur de Longueuille, en receuant cét ossement, & l'apportant en France, a esté le persecuteur de saincte Reyne, il faudra luy donner du blasme pour vne action de pieté qui merite tant de loüanges.

Mais pour acheuer, vous nous obiectez, que si nostre Relique est vraye, *il faudroit qu'il y eust trois bras, & qu'on a tousiours creu que tout le corps de saincte Reyne est à Flauigny*. En cét endroit nous nous contenterons d'auoir bien monstré la verité de nostre Relique, sans vouloir encore rendre les vostres suspectes. Nous auons bien fait voir que nous auons vn ossement de saincte Reyne, nous en auons tant de tesmoignages, & si authentiques, qu'on n'en peut douter. Pour ce qui s'ensuit de là, c'est à vous à y donner ordre, & à y remedier. Nous nous defendons, de vous rendre la pareille: & quoy que vous ayez employé toute vostre rhetorique pour rendre nostre Relique suspecte, nous ne dirons rien du tout contre les vostres. Nous en demeurons aux termes que Monseigneur d'Autun nous a mis: & si vous auiez obeï à ces sages auis, tout se fust passé amiablement.

Voila donc ce que nous auons à respondre sur ce que vous alleguez contre la verité de nostre Relique. Pour ce que vous dites d'outrageux contre nos Peres, ie crois qu'ils n'en ont aucun sentiment, quoy que vous les ayez fort peu espargnez. Vous les nommez, *persecuteurs des Martyrs*, les *autheurs de plusieurs abus*; vous asseurez, *qu'ils se sont dédits plusieurs fois, qu'ils veulent persuader des faussetez: qu'ils ont trompé Monseigneur de Longueuille, & qu'ils l'ont fait Parrain d'vn enfant supposé: que le R. P. François est Procureur des Saxons, qu'il les a subornez pour dire que c'est de saincte Reyne d'Alyse: qu'il falsifie des Reliques par vn esprit de simplicité, ou de malice, autheur des translations fabuleuses &*

imaginaires : petits marchands qui trafiquent de tout, aduocats pour les Saxons, & non pour leur propre païs, qui ont ioüé vn mauuais tour à la France, qui ont trompé leur bienfacteur, qui sont dans des contradictions manifestes, que le P. François a faussé sa parole aux Saxons : Enfin ils sont accusez de simplicité & de malice, ils sont trompeurs & trompez.

Déduire ainsi vos iniures, c'est les confuter, & le dénombrement vous en est plus honteux qu'à nous : Et si vous me demandez, pourquoy ie les ay ainsi ramassées sur la fin de ce liure, ie vous prie de croire que ce n'est que pour les ietter dans le feu, mais dans le feu de la charité, que vous auez promis au commencement de vostre liure de garder : voyez si vous auez bien tenu vos promesses, asseurément vous nous en auez laissé l'execution. Et c'est en quoy nous pouuons dire, que nous faisons plustost vostre Apologie que la nostre, nous contentant de conclure par vn bel auis de S. Augustin, qui conseille *de combattre l'erreur par la verité, & l'outrage par la charité.*

Error, veritate : liuor, charitate pellendus est. *Aug. contra Iulianum, lib. 6. c. 1.*

FIN.

CERTIFICATS MENTIONNEZ cy-dessus.

NOVS HENRY GROVLART, *Seigneur de la Court, Conseiller du Roy en son Conseil d'Estat & Priué, & Plenipotentiaire pour les traitez de la Paix de l'Empire, certifions & attestons par ces presentes, que pendant les assemblées de Munster & d'Osnabrug, par l'ordre & la priere de Monsieur le Duc de Longueuille, nous auons demandé au Chapitre de l'Eglise Cathedrale d'Osnabrug partie des Reliques de la bien-heureuse Vierge & Martyre saincte Reyne, où elles y auoient esté gardées depuis longues années en grande veneration. Ce qui nous fut octroyé, & elles furent portées auec ceremonie & reuerence par des deputez du Chapitre mesme, à la ville de Munster, & mises entre les mains de Monsieur le Duc de Longueuille, par le consentement de l'Euesque du lieu, pour estre raportées en France au Monastere de saincte Reyne en Bourgogne. En foy dequoy nous auons signé ces presentes de nostre propre main. Faict à Paris ce troisiéme May, l'an mil six cens cinquante-vn.*

Signé, H. GROVLART de la Court.

AVTRE CERTIFICAT.

Ie sous-signé, atteste & certifie par ces presentes, qu'estant à Osnabrug employé sous Monsieur de la Court, vn des Plenipotentiaires du Roy aux traitez de la Paix de Munster, d'Osnabrug, & de Nuremberg, ie fus honoré des commandemens de Monseigneur le Duc de Longueuille, pour demander au nom de S. A. au Chapitre de l'Eglise cathedrale dudit Osnabrug, les Reliques, ou vne partie d'icelles, de la bien-heureuse Vierge & Martyre saincte Reyne d'Alyse, de l'Eueſché d'Autun; Ce qui fut accordé auec respect à sadite Altesse, & mis entre les mains de son Confesseur, le Reuerend Pere François Marmesse de l'Ordre de S. François; auquel fut communiqué en mesme temps par mon entremise, vn gros liure contenant les noms de tous les Saincts & Martyrs, dont les Reliques estoient dans ladite Eglise d'Osnabrug, entre lesquelles estoient aussi celles de saincte Reyne, gardées auec plus de veneration, & contenoit ledit liure ces propres mots, In hoc loco requiescit corpus Beatæ Reginæ Virginis, quæ fuit filia cuiusdam Clementis Regis, & passa est septimo Idus Septembris sub Maximiniano Imperatore & Olybrio Præside in Alisia ciuitate, quæ cùm duceretur ad supplicium, columba de cœlo veniens coronam in ore portauit & dixit, Veni, veni Regina in Regnum Christi, Beata es quæ hanc coronam meruisti. *Où il se treuue adiousté au bas la signature d'vn Euesque, qui en fit la visite en l'année mil trois cens trente-cinq, lequel se nommoit* Godefredus de Harisbert Osnaburgensis Episcopus; *dequoy ie suis tesmoin, pour auoir veu & leu ce que dessus: Et en foy dequoy i'ay sous-signé cecy de ma propre main. Faict à Paris ce 2. May 1651.*

Signé, MILBVS.

APPROBATION.

NOVS soussignez Docteurs en la Faculté de Theologie de Paris, certifions auoir leu le liure intitulé ; *Esclaircissement sur la veritable Relique de saincte Reyne d'Alyse, donnée à Monseigneur de Longueuille par l'Euesque & le Chapitre d'Osnabrug : Pour seruir de responsé à vn Libelle intitulé :* Apologie pour les veritables Reliques de Flauigny, *&c. Par les Religieux de S. Reyne d'Alyse.* & dans iceluy n'auons rien treuué qui soit contre la Foy Catholique Apostolique & Romaine, ny contraire aux bonnes mœurs. Fait à Diion ce 17. May 1651.

Signé, F. B. DE LAVAVX.
F. I. DV CREVX.

www.ingramcontent.com/pod-product-compliance
Lightning Source LLC
LaVergne TN
LVHW010043230826
846091LV00005B/1842

* 9 7 8 2 0 1 1 9 1 0 6 5 3 *